360° 全景探秘
最不可思议的神秘奇闻

最不可思议的神秘奇闻
ZUI BU KE SI YI DE SHEN MI QI WEN

360度全景探秘

最不可思议神秘奇闻

主编 李阳

天津出版传媒集团

天津科学技术出版社

图书在版编目（CIP）数据

最不可思议的神秘奇闻 / 李阳主编. —天津：天津科学技术出版社，2012.4（2021.6重印）

（360度全景探秘）

ISBN 978-7-5308-6998-7

Ⅰ.①最… Ⅱ.①李… Ⅲ.①科学知识—普及读物 Ⅳ.①Z228

中国版本图书馆CIP数据核字（2012）第080920号

360度全景探秘——最不可思议的神秘奇闻
360DU QUANJING TANMI —— ZUI BUKE SIYI DE SHENMI QIWEN

责任编辑：	王　璐
责任印制：	刘　彤
出　　版：	天津出版传媒集团 天津科学技术出版社
地　　址：	天津市西康路35号
邮　　编：	300051
电　　话：	（022）23332399
网　　址：	www.tjkjcbs.com.cn
发　　行：	新华书店经销
印　　刷：	永清县晔盛亚胶印有限公司

开本 690×940　1/16　印张 8　字数 200 000
2021年6月第1版第5次印刷
定价：28.00元

目录

一、自然界中的未知力量 / 1

"铁达尼号"沉没之谜 / 2

误食圣物致死之谜 / 6

神秘挂钟之谜 / 8

三类接触 / 10

二、人体的未知奥秘 / 13

爱因斯坦大脑之谜 / 14

人脑会发神秘的电波 / 18

人体表层的生物光 / 20

久放不腐的人体 / 22

狗救人之谜 / 25

人类预感之谜 / 27

三、神秘地域之谜 / 29

中国的陆地百慕大——兰新公路430千米处 / 30

揭开魔鬼谷的神秘面纱 / 32

神秘的闪光"雕像" / 34

神秘的"湖中湖" / 36

神秘的死亡三角区 / 38

四大死亡谷之谜 / 41

四、大自然的神秘力量 / 43

神秘黑洞狂噬地球人 / 44

"怪坡"之谜 / 47

闪电之谜 / 52

五、神秘的怪病之谜 / 57

揭开催眠的神秘面纱 / 58

神经衰弱能导致精神病吗 / 61

艾滋病毒源流之谜 / 64

梦游之谜 / 71

六、神秘热点之谜 / 75

神秘大气层爆炸照片被抓拍 / 76

"天池怪兽"首次现踪约 20 头同时出现 / 77

明孝陵未解之谜追踪 / 81

七、奇闻趣事大探索 / 87

动物的爱情观 / 88

几千岁的蟾蜍生存之谜 / 91

海怪之谜 / 93

八、奇人怪谈 / 95

把机油当水喝的奇人 / 96

吃肥皂的人 / 97

嚼沙土的人 / 98

脸上长长毛 3 岁男童似返祖 / 99

绿孩子的传说 / 100

九、"按图索骥"神秘追击 / 103

英法探险队出征寻找神秘古大陆 / 104

"女娲补天"源自陨石雨的灾害 / 109

寻找"诺亚方舟" / 115

· 最 · 不 · 可 · 思 · 议 · 的 · 神 · 秘 · 奇 · 闻 ·

一、自然界中的未知力量

"铁达尼号"沉没之谜

　　1912年3月,英国白星海运公司投资建造了世界上最大最豪华的一艘客船——"铁达尼号"(即"泰坦尼克号"),这艘船泊位46 328吨,排水量达66 000吨,是当时世界上唯一一艘超过4万吨的客轮。船长259米,最大宽度为28米,舵重超过100吨。共有3只桨,中间的船桨最大,重22吨,两侧共有40吨重,3只船桨叶长均超过7米。船的内部有16个防水室,是利用水密室建成的。这种水密室可以利用电气或人力,将浸水的危险程度降到最低。也就是说,在这16个防水室中,如果有1~2个浸水,巨轮依旧安然无恙。"铁达尼号"上有超水准的世界级豪华舞厅、酒吧、吸烟室、游戏场、游泳池等,设备极为奢靡华丽。客舱里有高级豪华吊灯,地板上有厚厚的阿富汗真毛红毯,甚至连天花板上都有淡雅素洁的装饰画,真是名副其实的"海上璇宫"。

自然界中的未知力量

"铁达尼号"从英国莎山布顿港出航的第5天,深夜11时40分,突然撞上游离的冰山。随后,船体大幅度地摇晃着,船内的器皿撒了满地,玻璃的破碎声夹杂着乘客们的悲惨叫声,"铁达尼号"充满了恐怖与惊慌,船上一片混乱。凌晨0点15分,"铁达尼号"发出第一声ＳＯＳ求救信号,0点45分,信号弹发出之后,救生艇开始放入水中。然而只有20只救生艇,于是男人们决定先把妇女和儿童送上救生艇,自己则留在船上。凌晨2点20分,号称"不沉之船"的"铁达尼号",带着1513名乘客和船员葬身大西洋底,获救的仅695人。

"铁达尼号"沉没后,全世界为之轰动,关于它沉没原因的各种猜测纷纷出笼,其中最有名的是"木乃伊的诅咒"。

1911年左右,考古学者在埃及古墓中发掘出一具石棺,石棺上刻着这样的咒语:"凡是碰到这具石棺的人,都会遭难。"不过,热心研究的考古学者并不在意,依旧打开了石棺,石棺中躺着一具有数千年历史的木乃伊。当时石棺被运到英国,展示在大英博物馆中供民众参观。可是不久后,当时一位参与考古的成员莫名其妙地猝死了;后来参加发掘石棺的考古学家也接二连三不明不白地去世。于是博物馆

最不可思议的神秘奇闻
ZUIBUKESIYIDESHENMIQIWEN

决定将石棺移至民众看不到的地方，以避开闻名而来的大批好奇的参观者。10年后，一位富有的美国实业家，欣闻这一消息，要求博物馆将石棺和木乃伊卖给他。最后，这位实业家如愿以偿，购得石棺和木乃伊。当他想把他们运回美国的时候，刚好碰上了"铁达尼号"处女航，因此，他便将石棺和木乃伊托"铁达尼号"运送。但是没有人注意到，石棺上咒语的最后一句是："凡碰到这具石棺的人都会遭难，将被海水吞没"。

误食圣物致死之谜

原始社会的居民都有一种信念，认为通过某种公认的仪式，可以对一个人施用巫术或发毒咒，除非用特别的仪式来解除，否则被咒的人一定会遭受毒咒所预言的痛苦和伤害，甚至死亡。

意大利传教士达索伦多于1682年在非洲刚果传道时，听到一个因迷信禁忌而恐惧致死的故事。有个黑人青年出外旅行，晚上在朋友家投宿。第二天早上，朋友准备了一只野鸡作为早餐。黑人青年的部落严禁年轻人吃野鸡，因此，他就问朋友，早点是否真的不是野鸡。朋友回答说不是野鸡，他便享受了一顿丰盛的早餐。数年后，他们两人再次见面。那位朋友问他想不想吃野鸡，黑人青年回答说那是不可

自然界中
的未知力量

能的，因为巫师郑重警告过他不可以吃野鸡。朋友听后大笑，告诉他那次早餐吃的就是野鸡。黑人青年获知实情后，立即全身发抖，不到一天就死去了，成为自己恐惧心理的牺牲品。

神秘挂钟之谜

新西兰法院一名凶杀案的嫌疑犯,因连续杀人的罪名被判处绞刑,虽然嫌疑犯和他的律师一再辩称是自卫杀人,但检察官却判定是预谋,申诉无效仍被判死刑。

"我是冤枉的,我是无辜的,事实可以证明。我家客厅墙上有座七天上一次发条的挂钟,不管什么时候上紧发条,我被处决的那刻起挂钟就会停摆,它指示的时间就是我含冤而死的时候。"犯人告诉监狱的教诲师。

刑前的晚上,教诲师去犯人家里把正在走动的挂钟上紧发条。次晨8点整犯人被送上绞首台,刑台的时钟指着8点1分。刑毕教诲师赶到囚犯的家里,使他吃惊的是,果如囚犯所说的咒语,挂钟的指针恰好

停在8点零1分。他把挂钟拿到钟表店去修理,店里的人却告诉他说挂钟没有一点毛病。可是它为什么不再走动了呢?

三类接触

曾任美国空军部《蓝皮书计划》顾问达20年的天文学家海内克博士,把与不明飞行物近距离接触的报告分为三类:第一类接触指不明飞行物没有影响周围事物;第二类接触指飞行物影响到周围的事物(如地面留下燃烧的痕迹等);第三类接触指看到飞行物上的外星生物,包括与之直接接触的情况。

在第三类接触中,美国人希尔夫妇同外星人的遭遇曾轰动一时。巴尼·希尔和妻子贝蒂·希尔都受过高等教育。1961年9月有9日,他们在加拿大度完假开车回家。驶过兰开斯特时,看到天上有一点移动的亮光。巴尼以为是一颗人造卫星,可那物体好像与汽车平行移动。在印第安山脚,巴尼拿着望远镜下了车,想

自然界中的未知力量

弄清楚是什么东西跟踪他们。但是那东西在离他们30米处也停住了,巴尼看到5～11个似人生物的身影,身穿黑色发亮、看似皮质的衣服,头戴黑色鸭舌帽,一举一动都非常整齐、古板。惊慌之下,巴尼转身就跑,他把妻子推进车里,急速开车逃走。但是听到一种奇怪的嗡嗡声后,两人就失去了知觉。

两小时后,他们清醒过来,发现自己还在车里。这事发生后,他们总觉得身上有一种"黏滞性",汽车的车身好几次也带了磁性。一连十天,贝蒂常常连夜做噩梦,两人难

以忍受,焦虑不已,不得不去找波士顿著名的精神病学家本杰明·西蒙治疗。在治疗期间,夫妇两人在催眠状态下讲述了他们被外星人劫持的情况。他们分别谈到外星人的外形和举止,两人的讲述几乎一模一样。有些UFO研究者据此认为,他们被劫持一事是真实可信的。但西蒙以专业医师的眼光指出,人们接受催眠后讲述的,不一定是实际情况,而只是他们信以为真的情况。至于夫妇两人讲述的吻合之事,他认为是贝蒂把梦里的情景告诉了丈夫,使之也进入了丈夫的"潜意识"。

在第三类接触中，目击人数最多的一次，发生在1959年的巴布亚新几内亚，现场目击者共38人。

那年7月26日晚，圣公会的一个传教所，澳大利亚传教士威廉·基尔和他的助手们看到一个巨大的扁圆形飞行器在100米左右的空中徘徊，飞碟顶部出现4个人影。基尔事后写道："其中两人不时弯身，举起双臂，好像调整一件看不见的东西，基尔和他的助手向他们挥手致意，显然是在回应我们。传教所的人都松了一口气。"后来这些人影就消失在飞碟中了。

许多不相信第三类接触的人认为，那都是编造的谎言、幻觉或商业炒作。但是在这类事件中，当事人似乎没有撒谎或捏造事实的动机，大部分声称有过这种经历的人都毫无借此扬名之意。

只有一个人目击的事件可能是个人幻觉，但像巴布亚新几内亚的事件，如果说是幻觉，似乎就令人难以置信了。

最·不·可·思·议·的·神·秘·奇·闻

二、人体的未知奥秘

爱因斯坦大脑之谜

科学家发现爱因斯坦大脑结构异常

爱因斯坦是20世纪最伟大的科学家之一。他的智能为何超常一直是个谜。经过多年研究，科学家发现爱因斯坦的大脑构成与常人有些不同，他掌握数据理念的组织比常人大许多。

加拿大科学家威特尔森和他的同事们撰文：爱因斯坦的大脑构成有两个明显的"特殊之处"。一是他的"回间沟"比常人短，有助于神经元传递信息，思维比常人活跃；二是他的"顶叶"比常人宽15%，这个区域正好是造成大脑用于数学运算、视像空间和立体影间领域取得超人成就的主要原因。

威特尔森指出，这个发现与爱因斯坦生前的一些说法相吻合，爱因斯坦曾说过，他思考时并不会联想到文字，脑海里都是些清晰的空间视像。

360° 全景探秘
人体的未知奥秘

智商高达200的爱因斯坦被公认为是自伽利略、牛顿以来世界上最伟大的科学家。他提出了代表现代科学的"相对论",并为核能开发奠定了理论基础,为人类进步作出了杰出贡献。

老医还脑

爱因斯坦去世时76岁,在普林斯顿医院为他治病的医生名叫托马斯·哈维。哈维一直在考虑爱因斯坦的才智为何超群。事有凑巧,那天负责验尸的正是哈维,所以他把爱因斯坦的大脑完整地取了出来。

哈维医生当时42岁,他把大脑悄悄带回家中,浸泡在消毒防腐药水里,后来又用树脂固化,再切成大约240片,并亲自动手研究,同时也给科学界提供切片进行研究。

哈维保存大脑几十年,科学界也对大脑进行研究了几十年。据不完全统计,研究过爱因斯坦大脑的科学家不下百名。有人猜测,这其中肯定有惊人的发现,但很多科学家是在政府的授意下进行研究的,成果属于国家秘密,不便发表。

1997年,哈维已84岁,他想自己也有死的那一天,所以决定把脑切片送还爱因斯坦生前工作的地方——普林斯顿大学。

大脑揭秘

爱因斯坦的大脑被送回后,院方很快便收到几份希望进行研究的申请,其中包括加拿大安大略省麦克马斯特大学女教授桑德拉·威尔特森。

威尔特森教授领导的研究小组发现爱因斯坦的天才是天生的。据他们研究,爱因斯坦大脑左右半球的顶下叶区域非常发达,比常人大15%。大脑后上部的顶下叶区发达,这对一个人的数学思维、想象力以及视觉空间认识,都发挥着重要作用,也解释了为何爱因斯坦有独特的思维,才智过人。爱因斯坦大脑的另一特点,是表层很多部分没有凹沟

(回间沟),这些凹沟就像脑中的路障,使神经细胞受阻,难以互相联系,如果脑中没有障碍,神经细胞就可横行无阻进行沟通,思维活跃无比。威尔特森的研究小组,把爱因斯坦大脑与99名已死老年男女的脑部比较,得出了这一结论。

威尔特森的发现轰动了世界,但有些西方科学家呼吁还应谨慎对待,仅凭爱因斯坦一个人的大脑就得出这样的结论,理由并不充分,

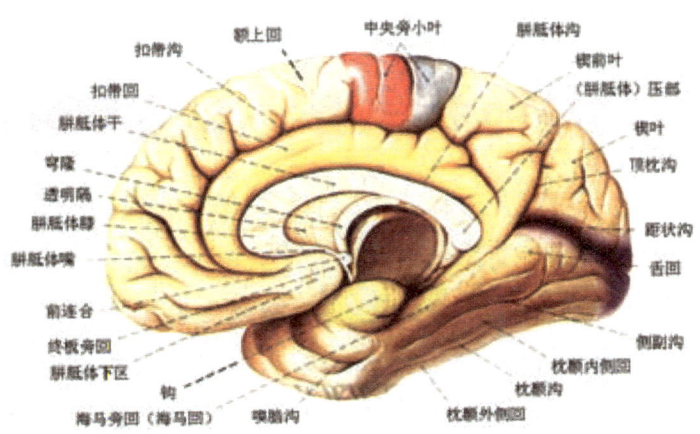

因为那可能只是一般聪明的犹太人普遍具有的脑部特征,爱因斯坦尽管生来是天才,但如果没有后天的培养和个人的努力,天才也很难发挥出超人的智能。哈佛大学比尼斯教授指出,爱因斯坦脑部的最新发现无疑有重大意义,但仍需要作更深入的研究和比较,才可对天才之脑下结论。

人脑会发神秘的电波

人体各器官中,大脑是最神秘、最精密的。科学研究证明,人的大脑由一百四十多亿个脑细胞组成,它们相互组合形成亿万个复杂的神经网络,所有生物的组织和器官,都是由带电的复杂分子组成的,大脑也不例外。我们在思想时,大脑中的生物电流会感生出磁波——脑电波。

近年专家对脑电波的研究有了不少突破。据悉,美国密苏里大学的科学家,已经能够将部分

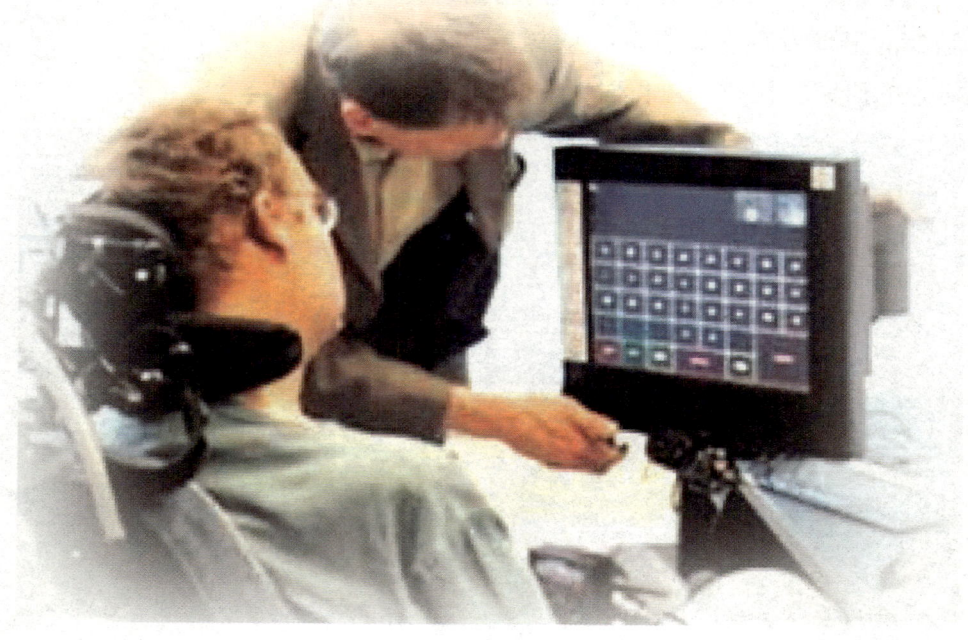

脑电波译出来，目前可鉴别27个音节的脑电波图形。前苏联一位工人，1921年跌入西伯利亚的雪坑里，很快就被冻死了。60年后被发现，他的身体中部及脑部仍很完整。几年

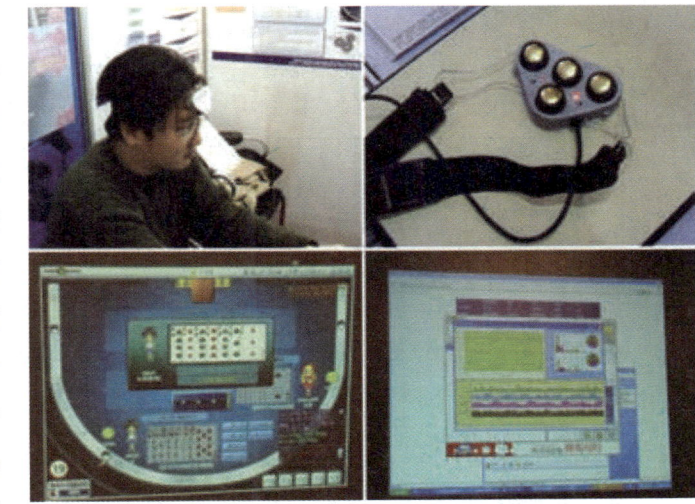

前，前苏联科学家运用新技术进行了一次实验：把死者的脑袋割下，用电脑跟它联系，由科学家提出了6个简单的问题，诸如：你是否感到舒适宁静？你能否记忆起自己的姓名？通入电流几分钟后，这个脑袋开始有所表示，以脑电波的形式简单回答"是"或"否"。

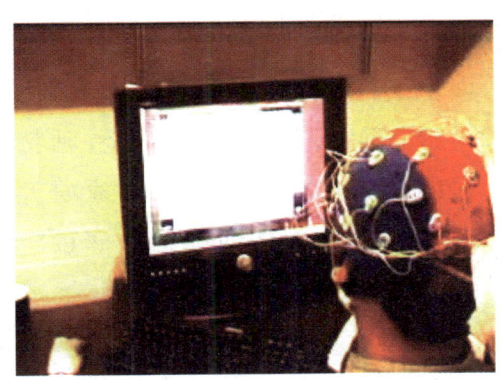

既然人脑思维时可以发射出电波，那么，电磁波是不是可以"输入"人脑影响人的思维呢？进一步设想，使用这种方式，是否也可以将知识直接传授？脑电波之谜一旦得到解决，势必会为人类社会带来重大改革，然而是祸是福，尚不可知。

人体表层的生物光

1911年，英国伦敦有位叫华而德·基尔纳的医生，采用双青染料涂刷玻璃屏时，首先发现了环绕人体15毫米宽的发光边缘。接着前苏联科学家西迈杨·柯利尔，使用高频电场的照相术把环绕人体的明亮而有色的辉光拍摄了下来。

这一有趣的发现，吸引了全世界众多国家的科学家的注意。80年代，日本、美国等相继使用高科技仪器对人体辉光之谜进行了研究探测，并把这种辉光称为人体生物光，同时把这一科技成果运用到了医学研究中。

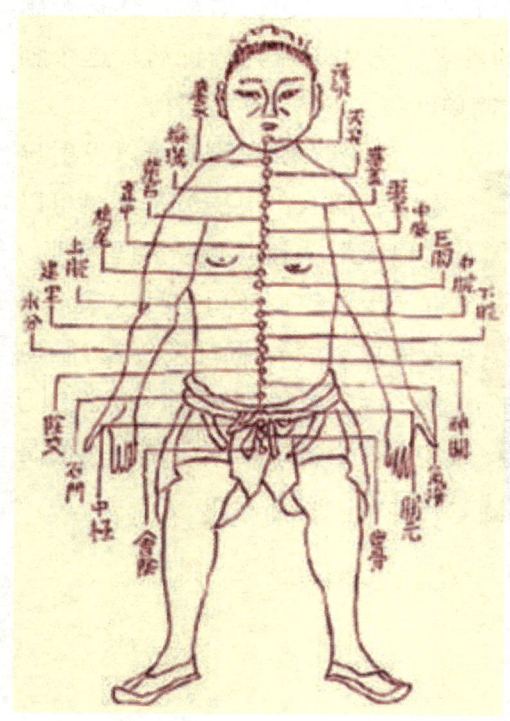

奇妙的是，人体光晕明亮闪光处，恰好与中国古代针灸图上所标画的741个针灸穴位相一致，而每个人又都有一种独特的辉光式样。美国科学家研究后指出：人体内产生疾病前，光会模糊，似受云雾干扰的"日冕"；癌细胞的生长，则会出现一片云状的光。前苏联研究人员曾对酗酒者进行过人体辉光追踪拍摄，发现饮酒者在刚开始端杯时，手指尖的辉

光清晰、明亮。醉酒后，指尖光晕转向苍白色，同时发现光圈无力，向内闪烁着收缩，变得暗淡。

目前，人体生物光还是一个谜。有科学家认为，这是一种由水汽和人体盐分与高电场反应的结果；也有的认为是自然界生命的特殊规律，是类似空气一样的复合物；还有的认为，是人体的密码文字。总之，人体生物光作为一个研究课题，充满了诱人的魅力！而且随着谜底的揭开，必将为诊断和治疗疾病开拓更宽阔的途径。

久放不腐的人体

具有悠久历史的意大利西西里岛的古老遗址中，还保留着旧石器时代绘画的驿罗萨里奥洞窟。从外表看，它很普通，可是它还有另一个使人吃惊的神秘之处：在这里的地下，竟沉睡着距今不同时代的8000具尸体！这8000具尸体中一个年仅4岁的女童尸体，如今80多年过去了，这个女童无论怎么看，仍令人觉得依然是活人。凡是看见了女童的人，都会情不自禁地发出感叹：呵，她还活着！没有谁会相信，她已死了80年，而这具未腐烂的尸体也给人留下了一个无法解开的谜团。

其实尸体不腐的现象在中国古代的僧人当中也非常盛行。

中国僧人用秘方保存肉身，可谓古已有之。唐代高僧元际禅师的肉身，历年过千而至今仍然保存完好，被学术界视为"世界唯一奇迹"。可惜的是，这国宝级的文物现在却不在国内，而在日本。

在唐贞元六年（公元790年），91岁高龄的元际禅师自知来日不多了，他悄然返回故乡湖南衡山的南台寺，停止进食。只嘱门徒将他平日搜集来的百余种草药熬汤，他每天豪饮十多

碗。饮后小便频繁，大汗淋淋。门徒见情，纷纷劝阻，元际禅师只是笑而不答，继续饮用这种散发芳香的草药汤。一个月后，他清瘦了，但脸色红赤，两目如炬。有一天，他口念佛经，端坐不动，安详地圆寂了。又过了月余，禅师的肉身不但不腐，而且还芬芳四溢。门徒们大感惊诧，认为这是禅师功德无量的结果，便特建了庙寺敬奉。千百年来，香火甚盛，历久不辍一直到清末民初。元际禅师的肉身现存于横滨鹤见区总持寺，并被视为日本"国宝"。

20世纪30年代，军阀割据，战乱频繁。潜伏在湖南一带、以牙科医生为掩护的日本间谍渡边四郎早就知道禅师肉身的价值，便乘乱毒死寺内的小和尚，将元际禅师肉身移放在寺庙外，隐藏了起来。不久，该寺庙毁于兵火，世人都以为禅师的肉身也一起遭劫了。抗日战争末期，渡边见日本侵华军的大势已去，便偷偷地将肉身伪装成货物，装船经上海偷偷运到日本。

开始，辗转放置在他所在的乡间，后来移置在东京郊外一座小山的

最不可思议的神秘奇闻

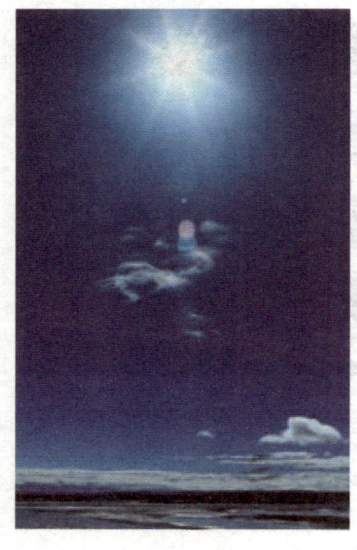

地下仓库里，秘而不宣。1947年，渡边病重身死，人们在清理遗物时，从他的日记本中得知这一重大秘密。当局立即派人打开仓库，只见禅师盘腿如坐，双目有神，俨如活人。专家认为，一般木乃伊的保存，是人工药物制的"躯壳"，并不太奇。但暴露于空气中的肉身千年不朽，实为世界唯一奇迹。经检查，禅师腹内无污物，体内渗满了防腐药物，嘴及肛门均被封住，这些可能都是肉身不朽的基本原因。至于他临终前饮用的大量汤药究竟是什么草药，已经无从考究了。

狗救人之谜

有些动物是可以救命的。

多娜是密苏里州的一个图表设计员,一天,42岁的多娜拿着食物回家时突然摔倒而中风,身体左侧部分麻痹。接下来的几个月,多娜一天要承受好几次的疾病发作,身体无法控制地痉挛,有时像个梦游

者一样呆若木鸡，有时又会失去知觉。多娜变得消沉而不愿出门。一天，丈夫给她带回一只叫潘垂的牧羊犬，就是这只狗救了她的命。多娜被这只狗哄着爱出去活动了，后来她发现有些奇怪，每次潘垂用头顶她的膝盖或抓住她的膝盖，让她慢慢躺下后，她都会经历 5～15 分钟的病情发作，难道是潘垂能感觉到主人要发病，因此要帮助她？

狗是怎么做到这点的，研究人员主要有 3 种观点，第一是在中风前，神经细胞活动会踊跃许多，导致放电增多，狗可能是感觉到了人脑部神经的变化。第二种观点是狗能感觉出人中风前的轻微动作，如面部肌肉紧张，眼神慌乱不安。但是这种观点，有人反对。他们认为征兆一般出现在中风前几秒钟，而狗却能提前 5 分钟至 1 个小时发出警告，所以它们不可能根据病人的征兆进行提醒。第三种观点认为它们能够依赖嗅觉提前感觉，例如病人会出很多汗等。

究竟狗为什么、怎么有这种特殊能力现在还是个谜。但是它们的"第六感"对一些人的健康——甚至生命，确实是个珍贵的礼物。

人类预感之谜

预感，趀心理学者认为是通过梦境、幻觉、直觉等对未来事件的预先感知。未来发生的事件可能比预感时间要晚几小时、几天甚至几年。正是这种时空差距构成了预感的无穷魅力，使人们为之思索行动。

美国已故的著名总统林肯于1865年4月4日遭到暗杀，这是世人皆知的史实，而林肯死前3天就预感到自己要死，并且对亲人讲了自己的预感，这在美国也是家喻户晓的。

4月1日晚上，林肯梦到自己听到许多人在走廊伤心哭泣，于是走出自己的房间，经过一间又一间，最后来到一个房间，看见房间正中摆着一副担架，担架上有一具尸体，周围站满了泣不成声的人。他问一个士兵谁死了，士兵回答总统被暗杀了！林肯醒来把这件事告诉太太，第二天又讲给亲近的人听，大家都十分不安。谁想过了一天后，林肯的预感就变成了现实，他在一家剧院的包厢看戏时被枪杀……

还有一个发生在波兰捷尔耶克的神奇故事。少女梅娜与青年劳斯相爱，可是世界大战爆发拆散了这对相爱的人，劳斯当兵上了战场。从此，梅娜每天都来到村口等待心爱的人回来。就在战争结束前一个月，梅娜突然梦见劳斯被一块大石阻挡在一个无法脱身的山洞中，再怎样费力也推不开巨石。第二年的夏天她又做了同样一个梦，只是这次梦中出现了一个城堡，城堡的出口让崩塌的巨石堵住，劳斯的呼救声就从那城堡中传出来的。这次的梦使梅娜觉得劳斯真的在城堡中，于是就踏上了寻找城堡的路。所有人都认为梅娜疯了，可梅娜坚信自己的预感。

1920年4月的一天，梅娜来到热窝的一小村庄外，她突然发现山顶上有一个城堡，就像梦中的城堡，于是不顾一切地奔去。村民十分惊讶，也跟着来到山顶城堡废墟外。听了梅娜的叙说，大家都觉得好笑，但见到梅娜搬石头，双手都搬破了，只好来帮忙，谁知这样干了一天，奇迹出现了，石头下果真传出一个男人的呼救声，大家很快搬动石头救出这个人，这人果真是劳斯。原来，劳斯在战斗中以城堡为掩体，可是炮火击中城堡，把他埋在了山洞中，好在洞中有水和食物，就这样活了两年……

是谁让梅娜做这个梦，并且一遍又一遍地告诉她？谁说得清楚呢？这就是神奇的人类预感！

·最·不·可·思·议·的·神·秘·奇·闻·

三、神秘地域之谜

中国的陆地百慕大——兰新公路430千米处

在中国的兰（州）新（疆）公路430公里处，经常发生翻车事故，而且翻车原因神秘莫测。一辆好端端的、正常运行的汽车，有时就会像飞机坠入百慕大一样，莫名其妙地翻了。这种车毁人亡的重大恶性事故，每年少则十几起，多则二三十起，尽管司机们严加提防，事故仍不断发生。

430公里处不但不坡陡路滑，崎岖狭窄，而且道路平坦，视线开阔。那么，如此众多的车辆

在前后相差不到百米的地方接连翻车,究竟有什么奥秘呢?

有人认为,这里的道路设计有问题。然而不管人们怎么改建这段公路,神秘的翻车事故,还是不断出现,而且每一次翻车事故,全都是朝着北方。于是有人说,这里以北,可能有一个巨大的磁场,汽车行驶到这里,就会被磁场的吸引力吸引而翻车,但是这种观点还没有经过科学家的论证。所以,对于司机们来说,兰新公路的神秘430公里处,已经成了中国的魔鬼三角。

揭开魔鬼谷的神秘面纱

在新疆、青海交界的昆仑山区,有一条神秘而恐怖的山谷——那棱格勒河中上游的"魔鬼谷"。长期以来,人们都不敢涉足。偶有胆大或迷路的牧民进入,也大多一去不复返,从而更增添了人们对魔鬼谷的恐怖感和神秘感。

魔鬼谷西起若羌境内的沙山,东到青海省内的布伦台,全长100千米,宽约30千米,海拔3000~4000米。谷地南有昆仑山主脊高耸入云,北有祁连山阻隔着柴达木盆地,一年四季都充满诗情画意。

谁能想到,这空旷而静谧的美丽山谷呈现的只是暂时的平静安然。刹那间就可能乌云翻滚、电闪雷鸣、飞沙走石、天昏地暗,导致树木折断、草木烧焦、牲畜毙命……在谷中随处可见沤烂的动物骨骸、猎人的枪

和淘金者的尸体，令人毛骨悚然！

然而这里的牧草却出奇的繁茂，为什么这么美丽的牧场成了牦牛和畜群的坟场呢？这个谜团一直使人费解。

1998年5月，新疆地质局区域地质调查三队组织了一次大面积多学科的考察，终于揭开了魔鬼谷神秘的面纱。

原来这里磁场强度非常高，巨大的磁力致使指南针失灵，仪器不准。这里的地层，除有大面积三叠纪火山喷发的强磁性玄武岩外，还有大大小小三十多个磁铁矿脉及石英闪长岩体，这些岩体和磁铁矿产生了强大的地磁异常带。雷、雨、云中的电荷在这里汇集，形成超强磁场，遇到异物，便会发生"雷击"现象，使人畜瞬间死亡。考察队还探明，这里的冻土层厚度达数百米，夏日来临时，近地表的上层冻土融化，形成地下潜水和暗河。而地表面常被嫩绿青草掩盖，人们不容易发现。

一旦误入，草丛下的地面塌陷，地下暗河就会很快把人畜拉入无底深渊，甚至使其随水漂流远方，以致连尸首都无法找到。

雷电使谷地的牧草茂盛无比，吸引着牲畜来此就餐，继而又亲手杀死它们。真是"成也萧何，败也萧何"。大自然的神秘造化首尾相伴，声声相息，自相矛盾又自我发展，循环着我们难以理解的平衡。

神秘的闪光"雕像"

百慕大"魔鬼三角"并非是唯一能使飞机、船只和人员神秘失踪的险地。在红海之滨有个旅游景点，是潜水运动的乐园。

然而，这里的水下时有神秘失踪事件发生。一个风和日丽的日子，两名来自德国的潜泳爱好者艾玛和马克斯在这一海域神秘失踪，而且是在距离海岸50米处的水下失踪的。他们的伙伴说："艾玛和马克斯潜入水下后有个奇怪的发现，于是游上水面向我报告，他们在海底深处发现一种奇异的闪光现象，像是有人在那里扳动一盏小灯的开关，时而亮，时而熄，5分钟后就瞬间熄灭了……

"他们第二次返回那里，很久都不见踪影。我只好独自潜入水下寻找他们，但是根本没有他们的踪影，只见海底深处有一块巨大的闪光砾石。"当地政府派来专业潜水员寻找，找遍周围整个水域也一无所获。

他们对巨砾进行了考察发现：这块巨砾很像一尊古代雕像的头部。从正面看，像一个

巨人的面孔，有鼻子和眼睛的细微部分，表面被海水冲刷得十分光滑。研究人员发现，从1976年至今，已记录下10多起类似的悲剧事件。所有的失踪者全是从事潜水运动者，而且每次事发后，都找不到失踪者的尸体。

科学家发现，所有悲剧事件都发生在白天，而且人员失踪的日期均和满月日期相吻合。在大多数情况下目击者都提及过那块水下"杀人巨砾"周围的神秘闪

光。经过多年研究，巨砾的光源是何物，从何而来，仍然是个谜。

科学家认为，这一水下发光巨砾很像古代雕像人头的说法纯属偶然，它无疑会定期成为一个强大的电磁辐射源，然而其电磁辐射的机理还尚无定论。虽然它的杀伤力只在满月前表现，但是仍具有一定杀伤力，足以使疏忽大意的潜水者毙命。海军上将亚历山大·马可顿斯基的舰队就葬身这个海区，而且消失得无影无踪，那么，他们是不是也是被这海底闪光的魔石所击沉的呢？我们不得而知。

神秘的"湖中湖"

美国明尼苏达州北部的小镇布尔拉德湖泊密布，冬天的时候，四周长达8英里的湖面全部是厚厚的冰层，然而就在这冰封的湖面中，总有一块水面奇迹般地没有结冰，看上去像个接近1英里长的黑洞。这个巨大的月牙状"湖中湖"，即使是在零下几十摄氏度的严寒下，也依然会泛着粼粼波光。

湖面上最早出现"黑洞"是在2001年冬天，研究者们用针孔照相机探测了20英尺深的水下，但是并没找到异常之处。"这个湖区不结冰的部分，从底部到顶部的湖水，热度均匀一致，这种情况非常令人吃惊。我们估计这应该

是导致湖面不结冰的原因。"科学家塞布拉说。

这个"黑洞"像顽皮的孩子，跟人们玩着捉迷藏，自出现以来它只结过一次冰，而这唯一的一次结冰也同样让人瞠目结舌——因为它并不是在零摄氏度以下的低温天气结冰的，而是在40℃的高温下不同凡响地结了冰。

关于黑洞的成因，当地人议论纷纷。

"这一定是火山爆发的迹象。""这可能是国外的腐烂物倒流回来了。""依我看，这根本不是什么神秘事物，我们这里正好位于一个地震带，只不过人们没有意识到罢了。"

不管这些议论有多少依据，"湖中湖"至少让当地渔民在冬季日子好过了不少，也使布尔拉德这个偏僻小镇声名远扬，现在越来越多的美国人都慕名来观赏这一奇特景观。

神秘的死亡三角区

　　1975年，西班牙科学家A·里维拉提出：地球上共有12个神秘死亡三角区，它们大多处于海洋水域，海水呈大规模垂直搅动的涡旋，险象百端，事故频仍。地点分别是：北半球的百慕大、日本本州南部、夏威夷至美国间的海域、地中海及葡萄牙沿海、阿富汗；南半球的非洲东南部、澳大利亚的西海岸、新西兰北部海区、南美洲东部、东南太平洋中部。

　　令人称奇的是这些地点分布均匀，南北半球各五个，且都位于纬度30°线上，以精确的72°经度间隔均匀地环绕地球而且以相同角度向东倾斜，南北极各一。如果把这些区域标出，用直线连接，就会发现：地球正好被划分成20个等边三

角形，这些区域正好在三角形结合点上。

　　这些区域是地球本身结构造成的呢？还是受天体环境影响形成的呢？还是"人"为划分的呢？现在还没有结论。但是这些区域险况频仍，却是不可抹杀的事实。

四大死亡谷之谜

全球著名且恐怖异常的四大死亡谷，分别在俄罗斯、美国、意大利和印度尼西亚。

俄罗斯的死亡谷长2000米，宽100～300米，地势崎岖，怪石嶙峋，白骨横陈，满目凄凉。据推测，谷中积聚着有害气体。可令人惊奇的是，紧挨此谷的

村舍却不受影响。美国加利福尼亚州与内华达州之间的死亡谷长约225千米,宽6～25千米,范围广阔,地势险恶,误入此地的人绝难生还。然而,这儿却是飞禽走兽的天堂,各种珍禽异兽不计其数,悠然自得。意大利那不勒斯和瓦维尔诺附近的死亡谷,却只夺取动物的生命,对人体没有损害,因此被称作"动物的坟墓"。印度尼西亚爪洼岛上的死亡谷由6个巨大的山洞组成,人和动物一靠近山洞,就会被一股无形的力量吸入洞内而丢掉性命。远远望去,洞里尸骨如山。

　　这些死亡谷中,山洞何以有强大的吸力呢?人与动物的生存条件相同,为什么有的地域只危害人而不危害动物,有的地域只危害动物而不危害人呢?如果说有毒气,为什么不泄漏,不飘散呢?人们始终不得其解。

·最·不·可·思·议·的·神·秘·奇·闻·

四、大自然的神秘力量

神秘黑洞狂噬地球人

"黑洞"是自然界产生的一种天体,它的引力场非常强,连光线都无法从中逃脱,据说全世界已经多次发生"黑洞吞人"的神秘事件。

500名士兵神秘失踪

1915年8月21日,英国和土耳其战争期间,英国的一个陆军营来到欧洲南部靠近达达尼尔海峡的一个山谷里。这个营的人员配备有当时非常先进的武器装备,但是他们走入山谷后,一团神秘的蓝色光雾突然出现。几乎一眨眼的工夫,那团迷雾紧急上升,然后这个营的士兵全部消失得无影无踪,什么东西也没有留下来。过去的50年,英国政府一直封锁着这件事情。直到1967年,记录了二十多个目击者证词的文件才被公开。

神秘失踪事件此起彼伏

类似事件在全世界发生过多次，但是到目前为止，一次都没有找到失踪者的下落。

1890年，美国殖民地洛诺克岛上大约100名村民就像这样神秘失踪了。美国军队到达的时候发现，村子里的民房内都点着蜡烛，晚饭也摆好在桌上，可是到处空无一人，没有一滴血迹，也没有一具尸体。

1923年2月5日，巴西佛得角上的600名居民也突然失踪。警方搜查时发现，学校的地上丢着一支枪，显然是用来抵抗突如其来的外力的，而教室的黑板上写着："没有人来拯救我们。"

黑洞吞食了这些人

古希腊人认为，大批的人突然消失，是因为得罪了海神普罗特斯。普罗特斯一般都在海底沉睡，每50年出现并用一次餐。他通过爆发的火山来到人世间，可以变换成任何形象出现。因此，人们必须向他供奉几百名

处女,放在火山口供他食用。之后这些处女就会不留痕迹地神秘消失,留下的只有她们身上的镣铐。

对此,加州大学的简·林德赛特教授表示,这些人的失踪与所谓的黑洞有关。地球上的时空周期性变化,使整个城市处于完全不同的四度空间,有时甚至"被踢出去"。地球上有很多这样的黑洞,所以人们经常会莫名其妙地遭遇它们。但是,林德赛特教授说:"物体不可能穿越时空,因此,我们可以发现失踪者的物品留在了原地。"

"怪坡"之谜

对于坡大家都不陌生,因为它在我们的生活中处处可见。一般人很发憷上坡因为很费劲,而又喜欢下坡的畅快的感觉。可是令人想象不到的是在世界各地竟然有很多"上坡轻松、下坡费劲"的"怪坡"。

辽宁"怪坡"

最早被发现的"怪坡",位于辽宁省沈阳市新城子区清水台镇周家村东北方的寒坡岭。

1990年5月,一辆面包车途经此地,司机下车小歇;回来时发现熄火的面包车已自行从坡底"滑行"到了坡顶。

在这条长约90米、宽约1.5米、坡度为1.85度的"怪坡"上,坡道平坦,两边长满小草,并无任何异常现象。但就在这"怪坡"上,汽

车下坡必须加大油门，而上坡即使熄火也可到达坡顶；骑自行车，下坡要使劲蹬，上坡却要紧扣车闸；人行坡上，也是上去省力，下来费劲。

山东"怪坡"

济南市东南外环路也有一段"怪坡"，引来人们竞相探奇。

当时，有人驾车途经外环路省经济学院以南约1.5公里处一段下坡路时，驶过下坡的汽车一旦熄火，竟又慢慢地自动爬上了坡。

不少人闻讯赶来，目睹了同一现象：几辆汽车驶到坡底，车与车相距1.2米，熄火；结果，汽车均自己移动，缓慢地爬上坡去。

西安"怪坡"

在西安秦始皇兵马俑博物馆东南方，1997年人们又发现了一个"怪坡"。"怪坡"长约120米，是一段盘

山公路的上坡段，汽车、摩托车、自行车到此，不用加力踩油门，都会自动地慢慢爬上去。

台湾"怪坡"

在台东县东河乡，有一个名叫"都兰"的旅游胜地，其最吸引游人处，便是"水往高处流"的奇景。"怪坡"旁有一股小山溪，溪水流到山脚下的农田，而靠近山脚旁的另一股溪水，不往下流，偏偏反其道而行之，向山坡上流去，观者无不称奇。

乌拉圭"怪坡"

南美乌拉圭的巴纳角地区，可以说是"怪坡"的"聚焦点"，汽车只要一开进这一地区，便怪事丛生。最令人惊奇的要数汽车一旦抛锚，一种不知从何而来的神力，会把汽车推出几十米远。

韩国"怪坡"

韩国的济州岛，在天马牧场附

最不可思议的神秘奇闻

近的516国道，有一段"怪坡"，汽车到此，熄火并置于空挡，却见汽车又向坡上滑行。

美国"怪坡"

美国犹他州，有一个被人们称为"重力之山"的奇特山坡，有一条直线距离为500米左右，坡度很大的斜坡道，也是闻名全球的"怪坡"。驱车到此，将车停下，松开制动器，就会发现，汽车像是被一种无形的力量拉着似的，缓慢地向山坡上爬去。

世界怪坡之谜引起了科学家们的关注，多次进行科学实验。结果表明：在"怪坡"上，越是质量大的物体，越是容易发生自行上坡的奇异现象。

如此"怪坡"效应，自然使游客、探险家和科学工作者产生了一种浓厚的兴趣，先后提出了"重力异常""视差错觉""磁场效应""四维交错""黑暗物质"和"飞碟作用""鬼怪作祟""失重现象""黑暗物质的强大万有引力"和"ＵＦＯ的神秘力量"……

各种解释，众说纷纭，却难以使人信服。"怪坡"，依然成为人们竞相前往探奇的"旅游谜地"。

闪电之谜

著名的法国天文学家弗拉马里翁曾经说过:"任何一出戏剧,任何一台魔术,就其壮丽的场面和奇特的效果而言,都无法同大自然中的闪电比美。"在一些电击场合,人们会发现闪电烧毁了衣服,皮肤却没有灼伤。更奇怪的是,闪电把内衣烧了,外衣倒完整无损。闪电还常常把人们手里的东西"抓走",扔到很远的地方。有一次,在下雷雨的时候,一个人想拿起茶杯喝水,忽然电光一闪,茶杯飞到了院子里。

结果还好,人没有受伤,杯子也没有摔坏。还有一次,闪电击中了一名妇女,把她所戴的耳环给熔化了,可是那妇女本人倒活了下来……

自然界的闪电以枝状闪电最为

常见，此外，还有像一道虚线似的联珠状闪电，像一节节飞升的火箭似的火箭状闪电，像整块云都在闪光的片状闪电……而其中最罕见，最引起科学家注意的是球状闪电。

美国一个叫龙尼昂维尔的小城发生了这样一件怪事：一个家庭主妇从市场回到家里，打开电冰箱一看，发现放在里面的烤鸭、鸡蛋和莴苣菜都变成熟的了。"上帝啊，出了奇迹啦！"女人惊叫起来，消息轰动全城，不少善男信女把这视为"上

帝的启示"。经过科学家的研究，很快就弄明白了，原来这是球状闪电开的玩笑。它不知怎么钻到电冰箱里了，刹那间把冰箱变成电炉，烧熟了里面所有的食品。有趣的是，电冰箱竟然没有损坏。

两百多年前，美国科学家富兰克林首次用接着金属导线的风筝探索闪电的秘密时，人们的认识是多么肤浅。现在，科学

最不可思议的神秘奇闻

家不但在理论上找到了它的成因，而且能在实验室里人工地制造它，还开始把它用于生产；切割、焊接金属，启动机器，勘探矿藏，甚至还借助它创造了最新的"起死回生"的奇迹；医生把电极接在心脏停止跳动的病人身上，利用电压为2500～4000伏特的电流进行脉冲放电，促使心脏颤抖，恢复跳动。我们相信：随着科学的发展，大自然中闪电的种种奇闻，和它带来的许多谜，终将得到完满的解释。

五、神秘的怪病之谜

揭开催眠的神秘面纱

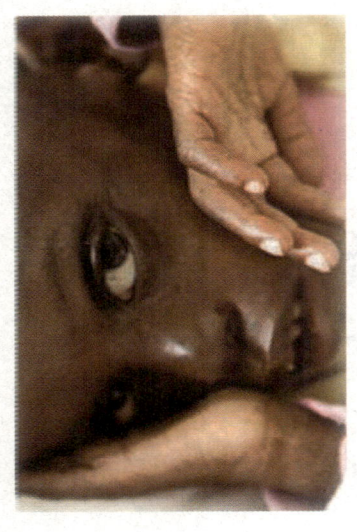

催眠不但对一般人来说比较神奇,在医学上也是如此。它到底是魔术还是科学,实在耐人寻味。

人们往往以为受催眠者被导入催眠时,是处于睡眠状态的。事实上受催眠者不仅没有睡着,反而意识清醒,注意力提高,这可以从当时的脑电波检验图看出来。

导入催眠状态不可或缺的因素是:

1. 全神贯注地投入(absorption)
2. 解离现象(dissociation)
3. 暗示作用(suggestability)

在实施催眠时,个人受到施催眠者的诱导和暗示逐渐提高对局部事物的注意力,同时逐渐减弱对周遭环境或刺激的注意而进入催眠状态,结束催眠的时候则相反,内在注意力逐渐减弱外在注意力逐渐增强而恢复对外界的感观。

催眠常被误解的有下列几点:

1. 受催眠者被施催眠者完全控制而失去自我意志力——事实不全

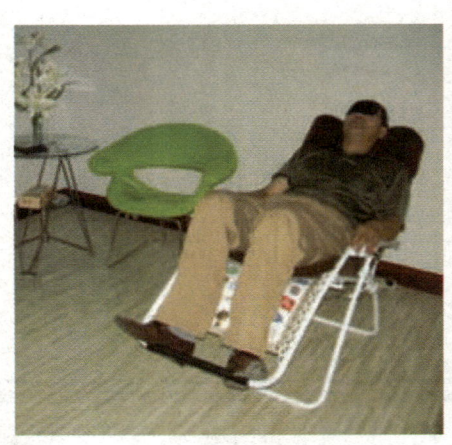

◆ 催眠暗示治疗图

然如此，接受催眠过程中如果有持续强烈的意念抵制催眠，那么就可能不会被导入催眠。

2．施催眠者在催眠过程中对受催眠者施展魔力或法术把其导入催眠状态——事实上，催眠者把受催眠者在全神贯注的情况下导入催眠用的是一些催眠技巧。

3．只有意志薄弱者才会被导入催眠——这是不正确的，即使是一个意志力及性格超强的人，只要与施催眠者充分合作而不抵制，终究可被催眠。

女性较男性容易导入催眠——会不会被导入催眠与性别无关。

……

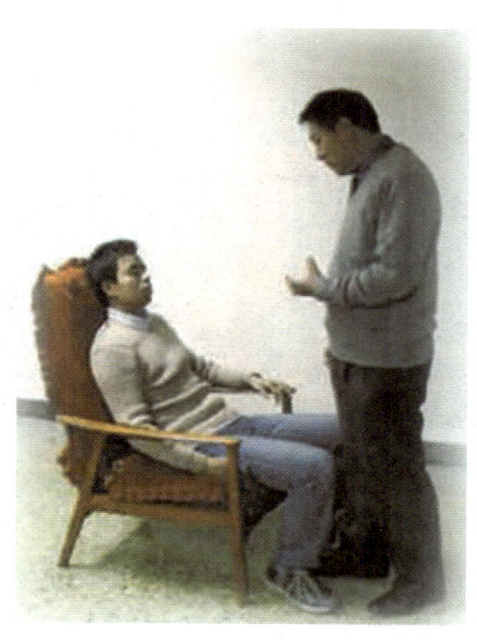

催眠在医学上的临床应用甚为广泛，它可以使紧绷的肌肉及精神放松；应用处理于各种疼痛，包括消除癌症末期病人的疼痛。在精神科方面，透过催眠可以协助个案戒烟戒酒等，也可助减肥；在心理治疗方面，有时需要透过催眠协助个案放松等。

有关催眠可以探讨"前生今世"的问题，电视媒体往往过分报导，与事实不符。其实医疗或法律用催眠探索个案不能记忆的往

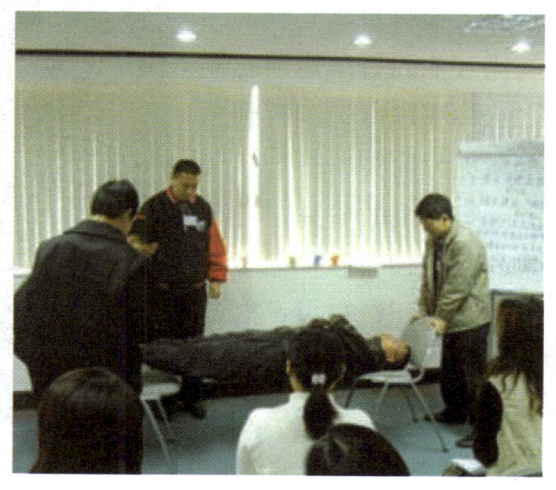

事,所获得的资料不一定比清醒意识下更确实。这种所谓"年岁退行法"(ageregression)是以催眠技巧将个案诱导至某一个年龄层面促使个案说出该年所发生之心理冲突(不能被自己所接纳的事故)。当个案导入年岁退行催眠状态时,其所表现之言语举动完全符合当时年龄(可经由其父母或家人佐证)。列如:一位年轻女性,当施催眠者诱导其进入她幼年时,比如说你幼年时曾发生过什么可怕的事情时,她表现出8岁时的语调及表情举止惊叫着"伯伯不要欺负我!……"(8岁女孩的尖叫及哭泣声随伴而来):这种幼年时遭伯父强暴之资料自然是确实的(比其他因目前牵涉犯罪之法律事件所追溯得到之资料更为确实)。

对催眠的研究,心理学家和精神科医师们多年来一直在积极进行,期望不久的将来能有更加系统的报道。

神秘的怪病之谜

神经衰弱能导致精神病吗

神经衰弱是一种精神容易兴奋、脑力容易疲乏,常有情绪不佳和心理生理症状的神经症性障碍,病前可能存在持久的情绪紧张和精神压力。临床症状主要表现为脑衰弱症状,委靡不振,脑力迟钝,肢体无力,困倦思睡等,同时还可伴有紧张性头痛,腰背及四肢肌肉疼痛、失眠、好发脾气、容易兴奋等症状。神经衰弱症只要注意大脑休息是不难治愈的。但是,往往有一些病人多年久治不愈,焦虑、紧张、抑郁,有的甚至害怕自己变成精神病。

我们通常所说的精神病主要指精神分裂症,患者在认知、情感、意志和行为等方面出现明显异常,不能正确反映客观现实,不能正常工作和学习,是和神经衰弱症截然不同的疾病,因此神经衰弱的人不必担心导致精神分裂症。

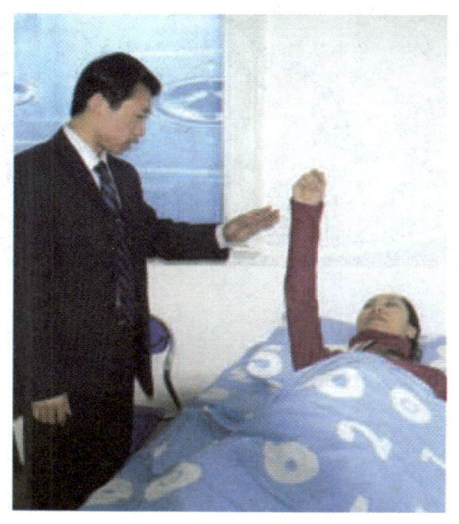

◆ 催眠治疗神经衰弱

不过，在某些患精神分裂症的病人中，由于起病缓慢，在早期具有类似神经衰弱的临床症状，经过几年的病程演变，才逐渐出现精神分裂症的典型症状。这类病人在早期求医时，可能被诊断为神经衰弱，出现精神分裂症症状后才诊断为精神分裂症，但是，不能因此就说神经衰弱导致精神分裂。

神经衰弱症的致病原因，包括用脑过度、睡眠不足、烟酒中毒等。

治疗者应首先详细询问患者的症状、自我感觉、病史等，确定其患病类型后催眠治疗。首先将患者导入中度催眠状态，导入后，可以用直接暗示的方法消除其症状。比如说，"你现在睡得很深、很舒服……我知道，你患有神经衰弱症，现在我给你做治疗，经过我的治疗，你的症状就会消除，你的疾病就会痊愈……我来给你按摩头部，按摩以后，你的头痛、失眠、健忘等症状就会自然消失……非常舒服，你现在非常舒服……你现在

头脑很清晰,没有任何不适时感觉,今后也不会有头痛、精神不振、四肢无力的感觉了,醒来以后,你会感到精神振奋,状态良好……"。此时,如患者脸上出现轻松安适的表情,表明达到效果,可以再发出一些肯定性的暗示加强效果,如:"你的神经衰弱症已经治愈,所有的症状已经消除殆尽,今后不会再发作,肯定不会,没有任何疑问!"一般说来,实际治疗过程中,一遍这样的暗示远远不够。尤其是前一部分的暗示指导语,应反复强调,方能取得较好的疗效。因此,在将患者导入催眠状态后,要花30分钟的时间,让患者反复接受指令,体验感觉。症状较轻感受性高的患者,一般经一两次治疗后即可见效。而症状较重感受性差的患者,要经过一个疗程,10次左右的催眠治疗才能痊愈。

艾滋病毒源流之谜

根据联合国艾滋病联合计划署和世界卫生组织1999年11月23日发表的一份报告，艾滋病自80年代初在全球蔓延，迄今已有5000万人感染上艾滋病病毒（英文简称HIV），其中1600多万人已去世。

我国从1985年发现第一例艾滋病患者起，到1999年9月底，各省、市、县、自治区已报告发现HIV感染者15088例，其中病人477例，死亡240例。倘若不采取有效的控制措施，21世纪初，中国将有100万人感染艾滋病。有效地预防、

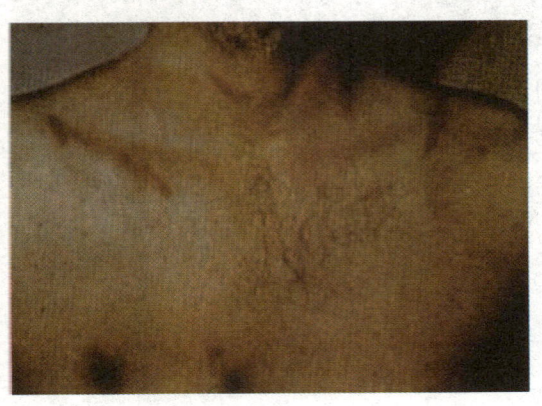

控制艾滋病毒已到了迫在眉睫的地步。事实上，自1981年美国发现首例艾滋病以来，科学家们始终都在努力寻找药物治疗及抵抗艾滋病毒，但是这种病毒究竟源自何方呢？

1959年，非洲西部的扎

360° 全景探秘
神秘的怪病之谜

伊尔叛乱四起,局势动荡,民不聊生,人们生活难以维持,只能卖血度日。一天,一位身形瘦削的黑人来到扎伊尔首都金沙萨市一家医院卖血。抽了200毫升血液后,他抓起钱匆匆离去。等医务人员回头要他留下姓名和联系地址时,已不见了踪影。

1989年,美国和世界卫生组织通报查寻艾滋病病毒的源头。当金萨市那家医院的血液化验员清理血液样品库时,偶然发现那支标签为1959年的血样玻璃瓶并进行成分分析后发现:这血液样本中竟然含有艾滋病毒第一型——HIV-I!而目前世界上大部分艾滋病例正属于该型病毒!

全球医学家苦苦寻觅的传播艾滋病毒的第一滴血找到了。但是,

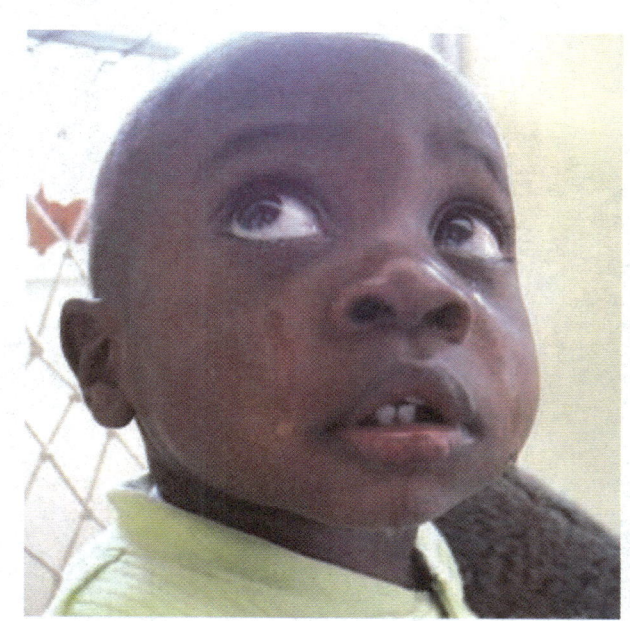

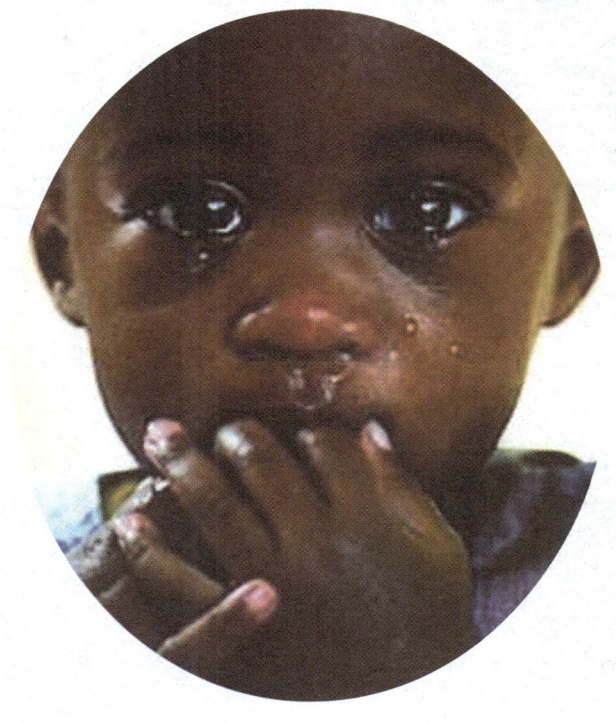

在扎伊尔及周边国家中寻找当年那位黑人卖血者的行动却以失败告终。正当人们万分沮丧的时候，却传来一个惊人的消息：一只被美国军方于1959年6月在西非山区捕获的雌性黑猩猩——"玛里琳"，于1985年和其他猩猩一起接受了一项艾滋病试验，检验结果令人一惊："玛里琳"身上带有"猿猴免疫系统缺陷病毒"（SIV）。和人类身上表现出来的艾滋病毒（HIV）极其相似。人们立即将"玛里琳"隔离。"玛里琳"受不了这种沉闷的隔离生活，况且它又怀了孕。一天晚上，它没有丝毫的挣扎便悄然死去。

科研人员随即对"玛里琳"进行尸

◆ 艾滋病源—喀麦隆黑猩猩

最不可思议的神秘奇闻

体解剖,在它腹中,人们取出两只已经死去的小猩猩,意外的是,小猩猩身上竟然没有ＳＩＶ病毒。

后来的研究中,科学家从猩猩身上分离出4种病毒样品,其中3种病毒在遗传特征上与人体内的艾滋病病毒极其相似。而这3种病毒都来自非洲黑猩猩4个分支中的一支,它们生活在喀麦隆、赤道几内亚、刚果和中非共和国一带。据此,专家们断定:艾滋病病毒来源于西非的大猩猩。

那么人类又是如何感染上这种病毒

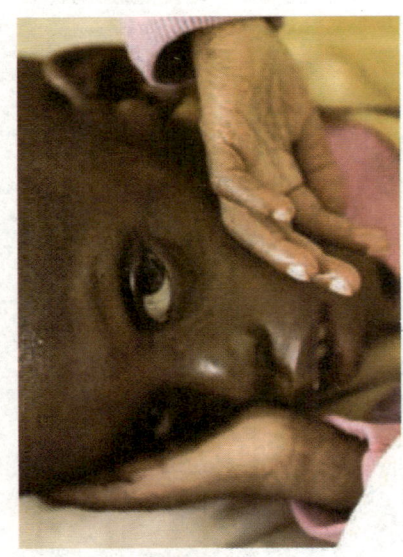

◆ 津巴布韦的艾滋病患儿

神秘的怪病之谜

的呢？

在美国新墨西哥州洛斯阿拉莫斯国家实验室里，科学家们用计算机模型计算了在艾滋病病毒中发现的基因突变，从而推算出：艾滋病毒从猩猩传染给人类大约在70年前，即1930年前后。研究人员还认为，人类的艾滋病毒是从猿、猩猩或猴子身上的艾滋病毒转变而来的，可能是1930年前后人们屠杀捕食猩猩时传染上的。

然而，一名英国记者却语出惊人，他认为：艾滋病可能是人为的一场灾难，HIV来源于科学家们早期在非洲对脊髓灰质炎疫苗的试验。理由在于：自古以来，非洲有些族裔一直在吃猴肉，而HIV病毒却是20世纪下半叶才出现。记者认为，科学家在用感染了SIV猿猴免疫系统缺陷病毒的猴子肾组织培养脊髓灰质炎疫苗时，使这种疫苗带上了病毒。20世纪50年代以来，在大量中非人身上试种的脊髓灰质炎有些很可能已被污染带

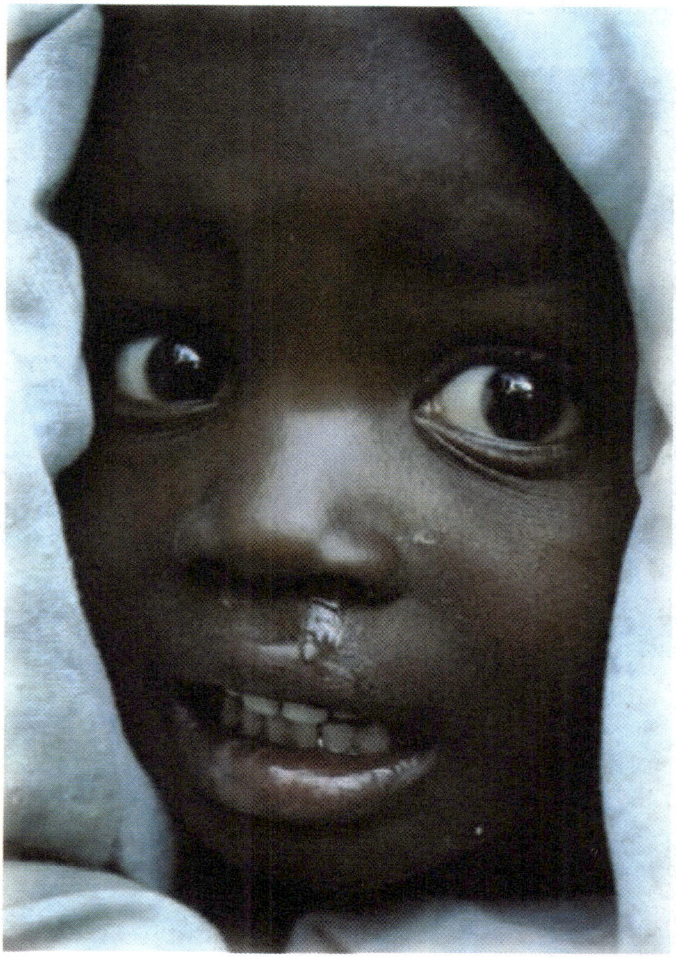

上了SIV病毒，倘若真是这样，为什么很多中非人在接受试种疫苗后不久便感染了HIV病毒就有了合理解释。

但是令人不解的是，猩猩和猴子们又是如何感染上SIV病毒的呢？它们为何有抵抗这种病毒的能力？人类感染上后，基因突变成为HIV病毒，又为何没有抵抗的能力呢？

科学家认为，只要破解这个谜，人类就能战胜这一"世纪绝症"。值得欣慰的是，通过世界各国科学家的不懈努力，胜利的这一天正在临近。

梦游之谜

梦游是一种常见的生理现象。它的方式五花八门，既有寻常的，又有离奇的。

有的梦游症患者在熟睡之后，会不由自主地从床上突然爬起来胡说几句；甚至有条不紊地穿好衣服，烧起饭来；或跑到外面兜了一圈后，又回来睡在床上，待到次日醒来，却对夜间发生的事毫无印象。梦游的时间也长短不一。据说，法国有一位梦游症患者，名叫雍·阿里奥，一次梦游竟长达20年之久。一

天晚上，他熟睡之后突然爬起来，离开妻子和5岁的女儿，来到了英国伦敦。他在那里找到工作，又娶了一个妻子，并生了一个儿子。20多年后的一个晚上，他一下子恍然大悟，便急匆匆返回法国。第二天早晨，阿里奥一觉醒来。他的法国妻子看到白发苍苍、失踪20多年的丈夫，悲喜交集地问道："亲爱的，你逃到哪里去了？20多年来音讯全无。"可是，阿里奥

却伸了伸懒腰,若无其事地说:"别开玩笑!昨天晚上我不是睡得好好的吗?"

研究表明,梦游主要是人的大脑皮层活动的结果。大脑的活动,包括"兴奋"和"抑制"两个过程。通常,人在睡眠时,大脑皮质的细胞处于抑制状态。倘若这时有一组或几组支配运动的神经细胞仍然处于兴奋状态,就会产生梦游。梦游行动的范围往往是梦游者平时最熟悉的环境以

◆ 梦游

及经常反复做的动作。

据日本统计，梦游者的人数占总人口的1％～6％，其中大多是儿童和男性，尤其是那些活泼与富有想象力的儿童，大多出现过数次。而患有梦游症的成年人大多是从儿童时代遗留下来的。

治疗梦游症，必须心理治疗和药物治疗同时进行。应该去除不良的精神因素，消除焦虑、恐惧和紧张的情绪，改善其环境，使之注意劳逸结合和体育锻炼；同时，根据其不同年龄辅以适当剂量的镇静安眠药物，如安定、眠尔通、利眠宁等。据报道，患者在医生的指导下，于临睡前口服丙咪嗪，也有较好的效果。在梦游刚发作时，及时唤醒他，也是一种行之有效的措施。

·最·不·可·思·议·的·神·秘·奇·闻·

六、神秘热点之谜

神秘大气层爆炸照片被抓拍

一名英国男孩约那坦·贝尔内特无意间拍下了一张记载劈开天空的大气层爆炸火光的照片，随后他将照片发送给了自己的朋友，后来这张照片被美国航天航空局（NASA）致力于研究神秘现象的专家发现用于研究，现在已传遍全世界。

小贝尔内特的父亲约那坦·波尔·贝尔内特说，从那一刻起，社会各界和广大媒体都对此表示了极大兴趣。

"天池怪兽"首次现踪约20头同时出现

"中国十大名山"之一的吉林长白山,曾出现过一则爆炸性新闻:天池怪兽于2003年首次露面,不仅出现时间长达50分钟,而且一次出现达20头左右。

据长白山天池怪兽研究权威吴广孝称,一次出现这么多怪兽,在百余年来的天池怪兽发现史上还是头一回,历史上最多的一次是吉林省气象局工作人员周凤赢在20世纪60年代同时看到七八头怪兽。

2003年7月11日,吉林省林业厅副厅长张鲁风、吉林长白山国家

最不可思议的神秘奇闻

级自然保护区管理局局长丁之慧等人陪同甘肃省林业部门的客人游览天池。上午9时10分许，他们在长白山北坡当年邓小平观天池处发现怪兽。在大约50分钟的时间里，怪兽共5次出现，少则一两分钟，多则二三十分钟，有时一头，有时好几头，最后一次达20头左右。张鲁风主管林业工作多年，长白山去了无数次，这还是第一次看到怪兽。同时看到怪兽的还有游客十几人。

长白山天池怪兽是世界四大未解之谜（水怪之谜、野人之谜、百慕大三角之谜、飞碟之谜）之一。天池怪兽这个未明生物频频出现，有的目击者说像牛，有的说像狗，有的说像长颈龙，有的说像水獭，有的说像黑熊，有的说是幻觉，有的说是《山海经》中记载的"横宽

兽"，有的甚至说是天外来客……几次有人拍下了天池怪兽的录像，还有人拍到过照片，但由于距离过远，都不清晰。

长白山天池怪兽到底是什么？它们和世界各地的水怪有没有关系……这些还没有人能说清楚。吉林省长白山文化研究会天池怪兽研究中心正在收集、整理、出版有关天池怪兽的资料、书籍，希望有一天能解开这个世纪之谜。

明孝陵未解之谜追踪

明孝陵究竟还有多少未解之谜？随着南京大学与中山陵园《世界遗产明孝陵综合研究科研合作协议》的正式签订，这一课题再次引起海内外人士的极大兴趣。

最不可思议的神秘奇闻

排除地宫被盗之说

据记载,明孝陵玄宫内埋葬着朱元璋及马皇后和成穆贵妃孙氏。朱元璋的地下宫殿建筑,由于史书失载,又缺乏必要的工程档案资料,所以几百年来,一直是人们心目中的谜。长久以来,民间还流传说明孝陵的地下玄宫被盗了。

为澄清历史真相,1998年

12月开始,文物工作者采用无破坏性的精密磁测技术,并配合地面调查研究,查明了明孝陵地下玄宫的位置,确认朱元璋葬在独龙阜下数十米处,而且地下宫殿保存完好,排除了地宫被盗的传说。

神宫监可能有两个

古代帝王生前居住的地方叫皇宫,死后安息的地方叫陵宫,也叫神宫。神宫监是明朝管理神宫的中央专设机构,靠近神宫但又不在神宫内。洪武皇帝的玄宫昭然于世以后,探寻神宫监的具体方位成了又一重头戏。

最不可思议的神秘奇闻
ZUIBUKESIYIDESHENMIQIWEN

据透露，文物工作者们发现了两处疑似神宫监的遗址。

1999年，研究人员在神宫前金水桥内神道东侧钻探时，发现砖结构和石构件遗址，附近还有一口砖头砌成的水井，水井四周有大型柱础。通过跟已确定的孝陵别处的砖、石进行对比研究，专家确定该处遗迹与孝陵属于同期建筑。由于它是已发现靠近神宫的唯一建筑，所以文物工作者猜测可能是神宫监。然而，到2000年春，研究人员又在神宫的西南角发现一片建筑遗迹，边宽1米左右的石柱础和少量的绿琉璃柁件，跟孝陵发现的一样。而且在20米左右处，也发现一口明代的水井。都有生活设施水井，而且靠近神宫，两处神宫监，到底谁是谁非？只有在经过钻探、清理发掘以后才能作出正确判断。

嫔妃墓可能在中山植物园

据记载，朱元璋下葬时有46妃陪葬，但嫔妃墓的具体方位一直没有确切说法。1998年，文物工作者在陵宫西侧百米处的中山植物园内发现一批大型柱础和少

量云纹石刻，后又钻探此处建筑遗迹和周边相关遗迹，发现此处很有可能是记载中提到的嫔妃墓所在。再与建筑遗迹有关的地面、地下的遗存情况和孝陵陵宫进行比较，更增加了嫔妃墓在中山植物园的可能性。

·最·不·可·思·议·的·神·秘·奇·闻·

七、奇闻趣事大探索

动物的爱情观

据研究，许多动物都拥有和人类相同的性格和感情，例如猩猩喜爱"一夜情"及贪新厌旧，雄性猩猩不喜欢对异性作任何爱情承诺，它们在"得手"一次后就会立马变心，另寻新欢，不会再向同一只猩猩求爱。另外，猩猩还懂得尴尬，它们在攀爬时一旦失手时便会躲藏并且心情不快。至于外表丑陋的乌鸦，却是忠心不二的丈夫和妻子，它们一生只有一个性伴侣。

美国生物学家贝科高称,在北洋区生活的"巨无霸"露脊鲸,交配前必定会互相摩擦亲热3分钟,然后才会双双去"巫山云雨"。贝科高说,这可能是由于动物的脑袋构造和生化系统,令它们具有与人类相同的性格。剑桥大学的贝特森教授也指出,尽管我们未能进入动物的脑袋,但从它们的行为表现来看,可以相信人类和动物对痛苦等的感觉,是没有很大分别的。

几千岁的蟾蜍生存之谜

1835年,英国在修建伦敦至伯明翰的铁路时,科芬特里路段的修路工人们拾起一块红砂岩石准备扔上货车,不料岩石落在地上摔碎了,中空的岩石里居然跳出一只活的蟾蜍,这只蟾蜍刚从岩里出来时,全身鲜黄褐色,但暴露在空气中不到10分钟变成几乎全黑色。岩石断裂时,它头部受了伤,所以不断地喘气,工人们小心翼翼地把它放回原有的空洞,并用泥土封好,但它活了4天就死去了。

人们知道,动物的生存需要食物、水和空气。蛙或蟾蜍等冬眠时,

可以不吃不喝几个月。但是如果冬眠的时候发生地壳变动，淤泥变成了岩石，并经过了漫长的地质年代，那它们怎么长时期生存呢？

有人认为，蟾蜍所生存的岩石，虽然外表看来很坚固，但实际上有不少微小的缝隙，可以渗入水分和空气。但是动物生存还需要热量，尽管蟾蜍等冬眠时，热量消耗很低，但从理论上讲，是没有办法维持数千年之久的。所以岩石中的蟾蜍究竟如何维持生命，到现在也还是个谜。

海怪之谜

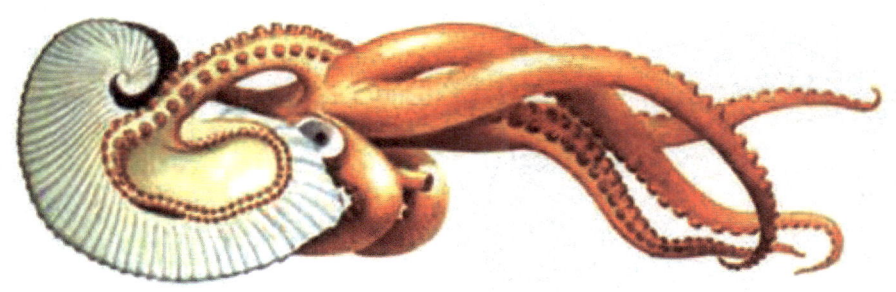

自古以来，有关海怪的故事就层出不穷，其中最著名的当属1752年卑尔根主教庞毕丹在《挪威博物学》中描述的"挪威海怪"，据说，"它背部，或者该说它身体的上部，周围看来大约有一里半，好像小岛似的……后来有几个发亮的尖端或角出现，伸出水面，越伸越高，有些像中型船只的桅杆那么高大，这些东西大概是怪物的臂，据说可以把最大的战舰拉下海底。"

比利时动物学家海夫

最不可思议的神秘奇闻

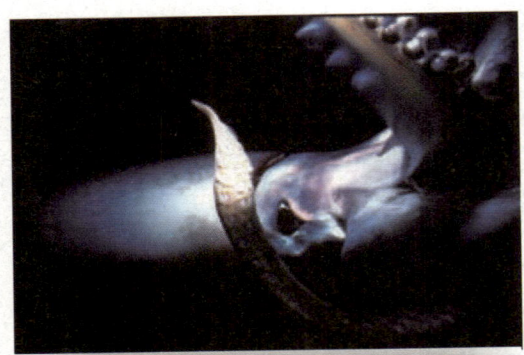

尔·曼斯搜集并分析了从1639年至1966年300多年间共587宗发现海怪的报告,排除可能看错的、故意骗人的和描写不清楚的,认为可信的有358宗。经过分析,他得出9种不同的海怪,有一种海中巨怪得到证实:那就是大王乌贼。

大王乌贼生活在太平洋、大西洋的深海水域,体长约20米,重2～3吨,是世界上最大的无光脊椎动物。它们性情极为凶猛,以鱼类和无脊椎动物为食,并能与巨鲸搏斗。人们曾测量一只身长17.07米的大王乌贼,其角手上的吸盘直径为9.5厘米。但从捕获的抹香鲸身上,曾发现过直径达40厘米以上的吸盘疤痕。据此推测,与这条鲸搏斗过的大王乌贼可能身长达60米以上。如果真有这么大的大王乌贼,那与传说中的挪威海怪也就相差不远了。

· 最 · 不 · 可 · 思 · 议 · 的 · 神 · 秘 · 奇 · 闻 ·

八、奇人怪谈

把机油当水喝的奇人

甘肃省天祝县发现了一个奇特的人宋连华,这位奇人8岁就开始吃油毡,"最爱的饮料"是机油。8岁时,有一天父亲宋金国偶然发现儿子正津津有味地嚼着一块油毡纸,于是赶紧跑去阻拦,但奇怪的是孩子并没有感到任何的身体不适。此后,宋连华就成了一个不折不扣的"油耗子",喜欢吃各种各样的油类产品。

吃肥皂的人

"我真不知该怎么办!能帮我找个医生吗?"在昆明某单位工作的赵新女士居然吃肥皂上瘾!而且一吃就是两年。两年前,赵新忍不住肥皂味道的诱惑,于是就每天吃一点,现在发展到每天要吃一整块儿。然而,她的身体却没有受到影响。她也到医院去检查过,仍没发现什么问题。有一段时间她克制自己不去吃,但是,头晕、肚子疼、胃疼、月经紊乱等问题都随之而来,浑身难受、乏力,躺在床上不能动弹。她不得不重新吃起来,而奇怪的是,那些不适症状也都随之消失了。

嚼沙土的人

在新疆阿勒泰市有一个人以沙土为食达8年之久,身体却安然无恙。据说这名食沙之人叫库丽巴西,哈萨克族,39岁,住在阿勒泰市区。她从1995年开始爱好食沙,并且只吃娘家阿勒泰地区二牧场的沙土。库丽巴西先将沙土用铁锅炒成糊状,冷却后享用这只有她自己才能品尝的"甜脆可口、油香浓郁"的"食物",最后她竟发展到不食沙土米面难进。现在,她已经习惯于将沙子放入碗中,直接抓起来送到嘴里,边嚼边把坚硬的石块吐出,日食沙量300克左右。由于阿勒泰市区没有她要食用的沙土,每个季度,她都托人从30千米之外的娘家捎带两袋沙土。

脸上长长毛3岁男童似返祖

据介绍,綦江县打通一矿沙田村儿童李亮出生时脸上就长满了茸毛,长茸毛的部位呈黑色,并且随着年龄的增长,"胎记"也在长,至今已占据头部长18厘米、宽14厘米的面积。

据其爷爷介绍,除说话、走路比其他婴儿早之外,李亮的日常生活与同龄儿童没有多大差别,只是他非常喜欢爬树,而且动作灵敏,记忆力惊人,虽然没有上幼儿园,却能过目不忘一些笔画简单的字,对电视上的武打动作特别感兴趣。邻居戏称其是"返祖现象"。父母也曾到不少大医院作过咨询,但是医生也无法解释是"胎记"还是"返祖"。

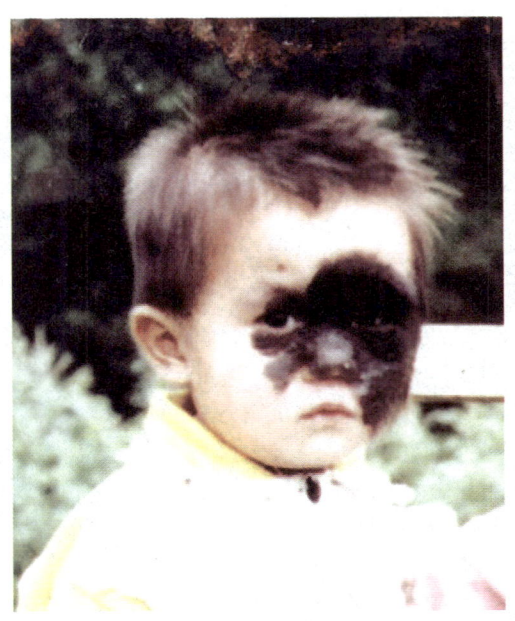

绿孩子的传说

1887年8月的一天,西班牙班贺斯附近的居民突然看见从山洞里走出一男一女两个孩子,使人惊奇的是这两个孩子的皮肤是绿色的,身上穿的衣服面料也从没有见过。他们不会说西班牙语,只是惊恐的不知所措地站着。起初他们不肯吃人们送来的食物,所以男孩很快就死去了。而绿女孩还比较乖巧,

学会了一些西班牙语,并能和人们交谈。据她自己说,他们来自一个没有太阳的地方,被旋风卷起,抛落在了山洞里。这个绿女孩后来活了5年,于1892年死去。

这种奇怪的绿孩子事件在地球上并不是独一无二的。早在11世

纪，据说从英国乌尔毕特的一个山洞里也曾走出来两个绿孩子。他们的长相、皮肤和西班牙的这两个绿孩子极为相似。而且他们对自己来历的说明也是一样的。

人们都知道地球上的人只有白、黄、黑三种肤色，那么在西班牙发现的绿孩子是不是有与被称为"小绿人"的外星人有关呢？他们自称的"没有太阳的地方"，到底是哪儿呢？人们始终无法找到答案。

科学家指出，浩瀚的宇宙中，类人生物肯定不唯独人类，有一亿颗星球完全有指望能有生命存在，所以即使真的有小绿孩子来光顾地球，我们也应当不足为怪地欢迎他们。

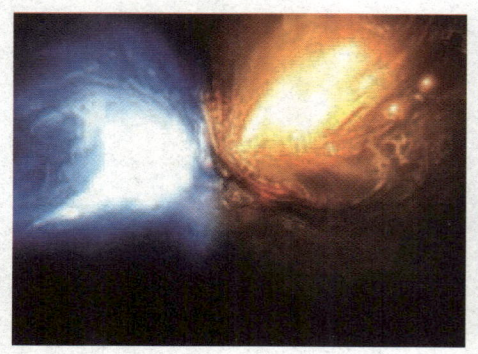

·最·不·可·思·议·的·神·秘·奇·闻·

九、"按图索骥"神秘追击

英法探险队出征寻找神秘古大陆

消失的大陆——亚特兰蒂斯的真正位置究竟在哪里,一直是人类历史上的千古之谜。

现在,英国和法国的一些探险家和科学家经过考察研究,把亚特兰蒂斯曾经存在的位置锁定在了直布罗陀海峡亚特兰蒂斯——人类文明史上这个最大的疑团也许有望解开。

一支名为"深地中海1号"的探险队于2003年11月开始了探寻亚特兰蒂斯之旅,在此之前,他们还曾经参与过考察沉没的"泰坦尼克"号。此次探险的出发时间定在2003年11月。这支探险队的负责人是法国普罗旺斯大学著名的地理学教授科林那·吉亚德,指挥官是有名的探险家保罗和乔治,他们的任务是要向世人证实亚特兰蒂斯这个古代乌托邦城市的存在。据悉,人类历史上第一次对亚特兰蒂斯作出描述的是公元前360年的古希腊哲学家柏拉图。尽管曾经

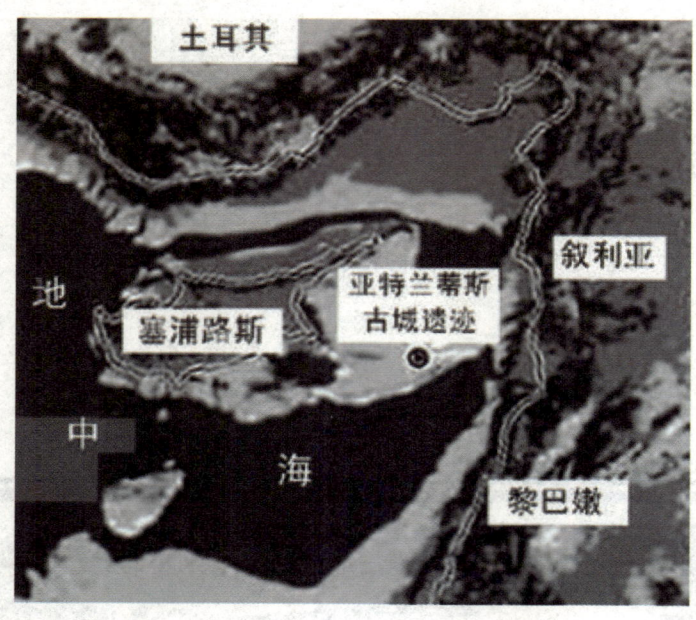

有许多学者提出亚特兰蒂斯是古人一个虚幻的杜撰的理论,但从古至今,还是有许多人对其存在深信不疑。

新观点柏拉图遗嘱暗示真正位置

关于亚特兰蒂斯位置的确切所在,人们一直争论不休。而探险队这次的亚特兰蒂斯探险之旅,是建立在科学家们对亚特兰蒂斯的真正位置提出最新推论基础上的。

柏拉图曾在著作中提到,亚特兰蒂斯帝国的面积比整个亚洲加起来还大,是一个天堂里的伊甸园,和平、安宁、文明,但科林那相

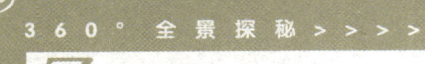

最不可思议的神秘奇闻

信人们一直都忽略了柏拉图书中对亚特兰蒂斯最为关键的描述，即它的位置所在，他认为柏拉图曾提示亚特兰蒂斯的位置在今天的直布罗陀海峡一带。

他说，直布罗陀海峡是

<<<<< 360° 全景探秘
"按图索骥" 神秘追击

大西洋和地中海之间的唯一海上通道，位于欧洲伊比利亚半岛南端与非洲西北端之间。海峡西端北岸是西班牙的特拉法尔加角，南岸是摩洛哥的斯帕特尔角，东端北岸是直布罗陀半岛的欧罗巴角，南岸是摩洛哥的阿尔米纳角。如果石器时代人们已经能够穿越这个海峡，说明海平面是非常低的。而且，大约1.1万年前，有不少欧洲的海员从欧洲穿越直布罗陀海峡到达了北非，这可以说明当时直布罗陀海峡附近曾经有高于海平面的陆地，这个时间与柏拉图所描述的亚特兰蒂斯大陆存在的时间也是一致的。

因此，雅克教授他们推断，亚特兰蒂斯大陆很有可能就在直布罗陀海峡周围。只是由于后来海

最不可思议的神秘奇闻
ZUIBUKESIYIDESHENMIQIWEN

平面一直上升,这一神秘大陆才最终被海水淹没,就像柏拉图所描述的"伴随着猛烈的地震和大洪水,一昼夜之间,亚特兰蒂斯就此沉入海中了"。

"女娲补天"源自陨石雨的灾害

某些史前事件虽以民间传说或神话形式存在，但却存在事实依据。黑海的水下考古探测就发现圣经中记载的"世纪大洪水"有事实依据。"大禹治水"虽无准确的文字记载，但该神话的事实被普遍认为是治理古代水患。那么，比大禹

治水更古老的神话——"女娲补天"是否也存在事实基础呢？中国地震局第一监测中心研究员王若柏提出，女娲补天的神话实际上可能是远古的一次陨石雨灾害。

这个结论的依据是，通过大量研究，科学家们发现白洋淀流域区的特殊地貌是全新世中晚期的一次规模巨大的陨石雨撞击留下的。他们在研究白洋淀流域区的历史地貌时发现，从任丘、河间到保定、望都，向西偏北延伸，一直到完县、满城附近，存在大量特殊地貌现象——碟形洼地及其群体。

360° 全景探秘
"按图索骥"
神秘追击

最不可思议的神秘奇闻

他们进行对比研究后发现,这种碟形洼地和其群体是史前规模巨大的陨石雨撞击后,在近代冲积平原上留下的遗迹。据推测,这次撞击发生的地域非常广,从晋北一直到冀中,甚至可能延伸到渤海湾附近。发生的时间距今4000～5000年间。而近年考古学已有明确的证据,女娲神和女娲补天神话的遗迹主要存在于山西、河北一带。这些遗迹的地理分布位置恰恰位于他提出的撞击区的南部和西部附近,而且这次撞击对应了古气候学家的研究结果——距今4800～4200年间的降温事件,这正是陨石雨的撞击时间。河北平原的中部,既没有山脉纵

"按图索骥"
神秘追击

横，也没有荒漠分布，应当是一个十分适合远古人类生存和繁衍的湖塘和洼淀地区，但在新石器时代晚期却留下了一个古文化的空缺区，合理的解释是这里发生了巨大的灾害。而这一灾害历经一代又一代的传说，一个美丽的神话——"女娲补天"便诞生了。

寻找"诺亚方舟"

土耳其亚拉腊山顶上终年冰雪覆盖,一张拍摄于1949年的照片显示,在厚厚的冰层下隐藏着一个巨大的物体,有人怀疑那就是传说中的"诺亚方舟"。最近,一支来自俄罗斯的探险队走进这座神秘的山脉寻找"诺

◆ 亚拉腊山

◆ 诺亚方舟仿制品

亚方舟"的踪迹。

安德烈·马蒂诺夫是这支探险队的领队。他和另外几位来自俄罗斯的考古学家组成了一个研究小组，任务是寻找证据向人们证明，那个埋藏在深山里的神秘物体究竟是不是传说中的"诺亚方舟"的遗迹。

马蒂诺夫带领他的组员们探访了亚拉腊山西部的几个关键地带，这里的三个方舟形状的山丘就是人们最初猜测"诺亚方舟"存

在于此的例证。

要证明这些外形奇特的山丘是否真的和"诺亚方舟"有关,需要做很多深入考察,包括研究人文风情、地理地貌,发掘古遗迹等。虽然研究工作艰苦而充满挑战,也许会花费许多年的时间,马蒂诺夫和他的同伴们仍然希望,他们能成为最终揭开"诺亚方舟"之谜的人。

神秘的"亚拉腊山奇观"

9年前,美国卫星图像分析专家波尔谢·泰勒就开始关注这个被称为"亚拉腊山奇观"的神秘物体。他收集了大量相关的卫星成像图片,并结合拍摄时间,对照片进行分类,希望能辨识这个神秘物体的真面目。根据分析,这个物体有180多米长,他认为,如果这真是某种古老的海上建筑物的话,它将成为一个科学的宝藏。

自然界中的未知力量

根据《圣经·创世纪》中的记载，为了惩罚堕落的人类，上帝制造了一次史无前例的大洪灾，只有诺亚乘坐方舟，带着他的家人和一些无辜的动物在灾难中幸存。大雨不停地下了40个昼夜，雨停后，诺亚方舟在汪洋中飘浮了整整7天，"最后停泊在亚拉腊山脉"。

尽管圣经上所记载的"诺亚方舟"就位于土耳其的这些群山之间。但是，这些方舟状的神秘物体究竟能不能成为"诺亚方舟"存在过的证明，人们还有很多猜测。